Grundschule

Petra Hartmann

Den Zahlenraum bis 1.000.000 erfassen

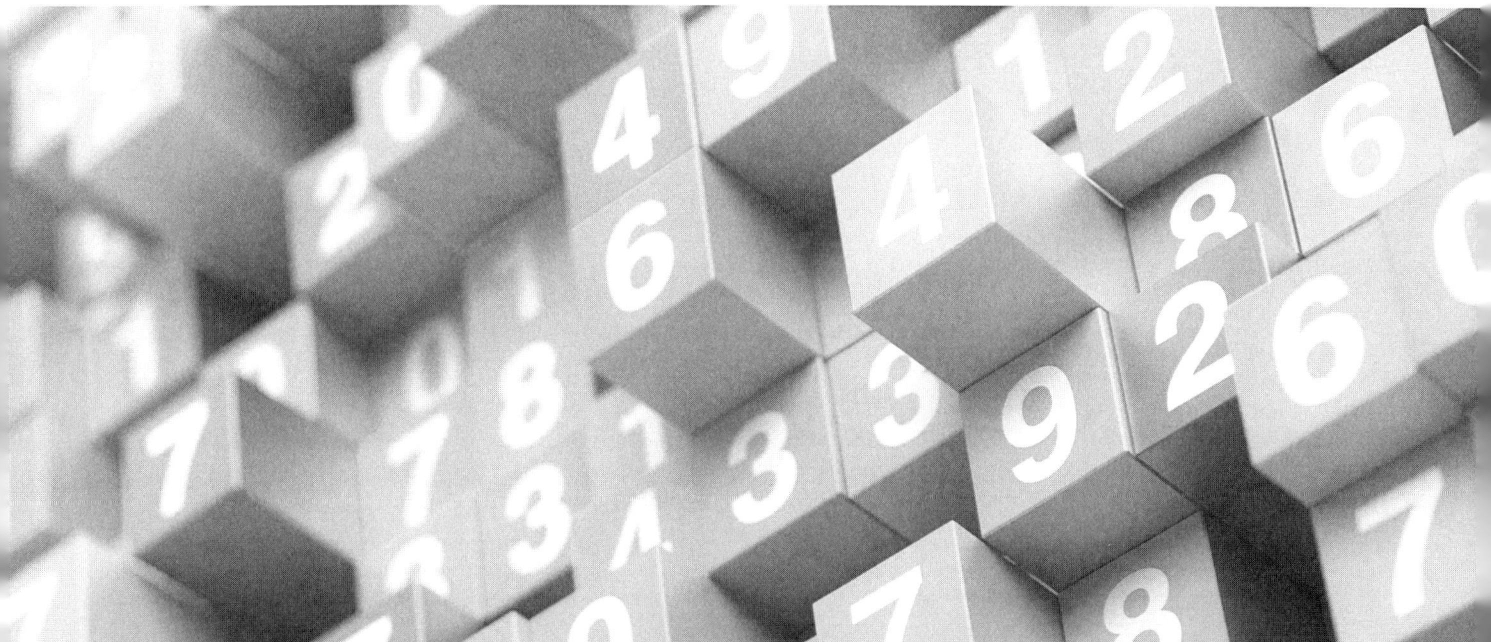

Grundlegendes Zahlenraumverständnis fördern & festigen

Den Zahlenraum bis 1.000.000 erfassen

Grundlegendes Zahlenraumverständnis fördern & festigen

3. Auflage 2025

Inhalt: Petra Hartmann
Umschlagbild: © tostphoto - AdobeStock.com
Redaktion: Kohl-Verlag
Grafik & Satz: Eva-Maria Noack & Kohl-Verlag
Druck: farbo prepress GmbH, Köln

Bestell-Nr. 12 381

ISBN: 978-3-96624-054-3

Bildquellen © AdobeStock.com:

S. 3/4: idesign2000; **S. 4 – 42** oben: © akira-photo; **S. 5**: idesign2000, jokatoons; **S. 6**: idesign2000; **S. 7**: idesign2000, jokatoons; **S. 8**: idesign2000, tigatelu; **S. 9 – 11**: idesign2000, blueringmedia; **S. 12**: idesign2000, Luuk; **S. 13**: idesign2000, Anastasiya (3x); **S. 14**: idesign2000, Luuk; **S. 15**: idesign2000, Anastasiya (3x); **S. 16**: idesign2000, irwanjos, djvstock, Janis Abolis, jokatoons; **S. 17**: irwanjos, Lorelyn Medina; **S. 18**: idesign2000, eyewave, Lorelyn Medina; **S. 19/20**: idesign2000, womue; **S. 21**: idesign2000, Anastasiya (3x); **S. 22:** idesign2000, Irina Papoyan; **S. 23**: idesign2000, Lorelyn Medina, eyewave; **S. 24**: idesign2000, 13ree_design; **S. 25**: idesign2000, Hans-Jürgen Krahl; **S. 26**: idesign2000, Prostock-studio; **S. 27/28**: jennys_world_of_arts, idesign2000; **S. 29:** idesign2000, Irina Papoyan; **S. 30 – 31**: idesign2000, koti (2x); **S. 32**: idesign2000 (2x), jihane37; **S. 33**: idesign2000, womue; **S. 34**: idesign2000, tigatelu, YUKIÒÇÇMURATA; **S. 35/36**: idesign2000, Liaurinko; **S. 37**: idesign2000, ekyaky, Yael Weiss; **S. 38**: BBuilder, idesign2000; **S. 39**: idesign2000; **S. 40**: Jan Engel, idesign2000; **S. 41**: idesign2000, BBuilder; **S. 42**: Hans-Jürgen Krahl, idesign2000, tigatelu

Kontakt: Kohl-Verlag, An der Brennerei 37-45, 50170 Kerpen
Tel: +49 2275 331610, Mail: info@kohlverlag.de

Unsere Lizenzmodelle

Der vorliegende Band ist eine Print-Einzellizenz

Sie wollen unsere Kopiervorlagen auch digital nutzen? Kein Problem – fast das gesamte KOHL-Sortiment ist auch sofort als PDF-Download erhältlich! Wir haben verschiedene Lizenzmodelle zur Auswahl:

	Print-Version	PDF-Einzellizenz	PDF-Schullizenz	Kombipaket Print & PDF-Einzellizenz	Kombipaket Print & PDF-Schullizenz
Unbefristete Nutzung der Materialien	x	x	x	x	x
Vervielfältigung, Weitergabe und Einsatz der Materialien im eigenen Unterricht	x	x	x	x	x
Nutzung der Materialien durch alle Lehrkräfte des Kollegiums an der lizensierten Schule			x		x
Einstellen des Materials im Intranet oder Schulserver der Institution			x		x

Die erweiterten Lizenzmodelle zu diesem Titel sind jederzeit im Online-Shop unter www.kohlverlag.de erhältlich.

Inhaltsverzeichnis

Thema: Seite:

KOHL VERLAG
Den Zahlenraum bis 1.000.000 erfassen
Zahlenraumverständnis fördern & festigen / Klasse 4 – Bestell-Nr. 12 381

Vorwort

Liebes Trainingskind,

in diesem Trainingsbuch findest du viele verschiedene Matheaufgaben für die Klassenstufe 4. Diese Aufgaben helfen dir dabei, ein gutes Zahlenverständnis zu entwickeln, auszubauen und zu festigen. Die Aufgaben sind leicht verständlich und können selbstständig erarbeitet werden.

Mit Hilfe der Lösungen im Anhang kannst du deine Aufgaben selbst überprüfen.

Auf die Plätze fertig los .

Viel Spaß und Erfolg beim Lösen der Aufgaben wünschen
das Team des Kohl-Verlags und

Petra Hartmann

Training für das grundlegende Zahlenraumverständnis
für die 4. Klasse.
Die Aufgaben wurden erstellt von

Lernberaterin / Lerncoach
Diplomierte Legasthenie- und Dyskalkulietrainerin (EÖDL)

1 Orientieren im Zahlenraum bis 1000

Das Tausenderfeld in Zehnerschritten

Ergänze die fehlenden Zahlen.

10	20	30	40	50		70	80	90	100
110	120	130	140	150	160	170	180		200
210		230	240	250	260	270	280	290	300
310	320	330		350	360	370	380	390	400
410	420	430	440	450	460	470		490	500
510	520	530	540	550	560	570	580	590	
	620	630	640	650	660	670	680	690	700
710	720		740	750	760	770	780	790	800
810	820	830	840	850	860	870	880		900
910		930	940	950	960	970	980	990	1000

Trage die ergänzten Zahlen geordnet ein.

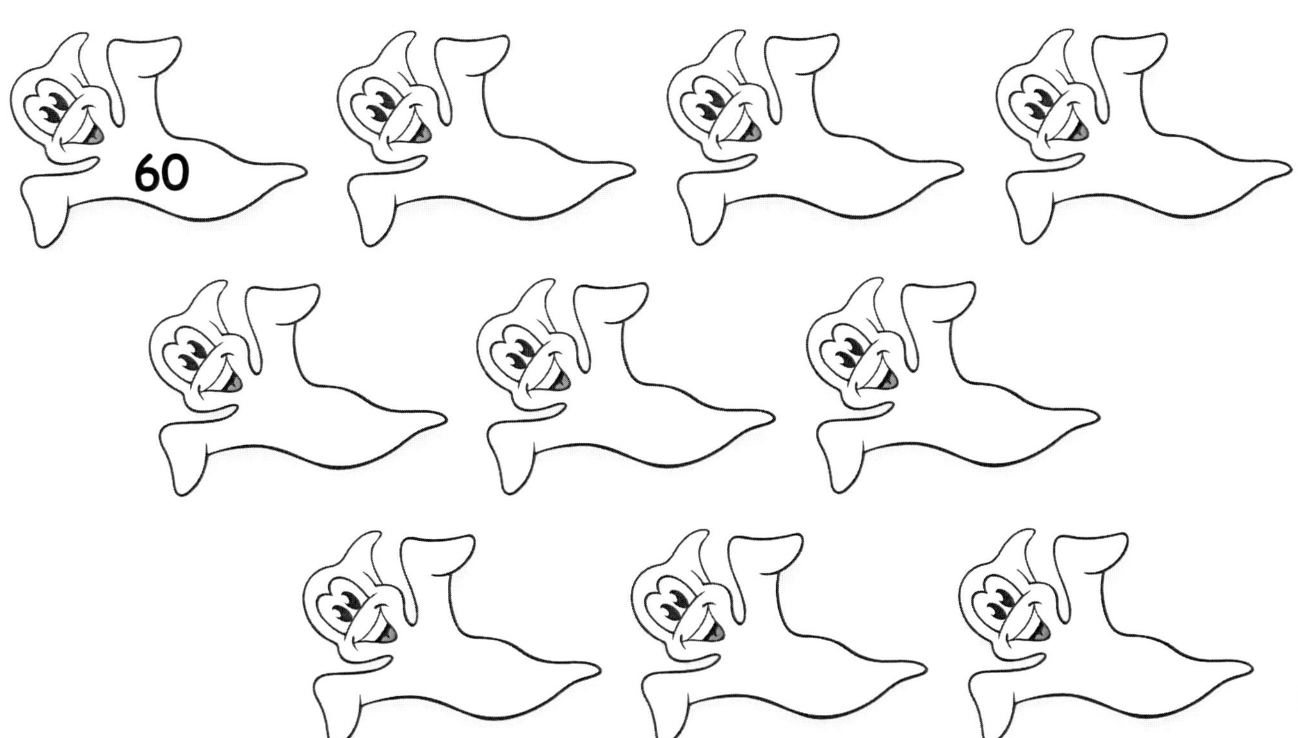

KOHL VERLAG
Den Zahlenraum bis 1.000.000 erfassen
Zahlenraumverständnis fördern & festigen / Klasse 4 – Bestell-Nr. 12 381

2 Orientieren im Zahlenraum bis 10.000

Das Zehntausenderfeld in Hunderterschritten

 Ergänze die fehlenden Zahlen.

100	200	300		500	600	700	800	900	1.000
1.100	1.200	1.300	1.400	1.500	1.600		1.800	1.900	2.000
2.100	2.200	2.300	2.400		2.600	2.700	2.800	2.900	3.000
3.100	3.200	3.300	3.400	3.500	3.600	3.700	3.800		4.000
4.100		4.300	4.400	4.500	4.600	4.700	4.800	4.900	5.000
5.100	5.200	5.300	5.400	5.500		5.700	5.800	5.900	6.000
	6.200	6.300	6.400	6.500	6.600	6.700	6.800	6.900	7.000
7.100	7.200	7.300		7.500	7.600	7.700	7.800	7.900	8.000
8.100	8.200	8.300	8.400	8.500	8.600	8.700	8.800	8.900	
9.100	9.200		9.400	9.500	9.600	9.700	9.800	9.900	10.000

 Male folgende Zahlen-Kästchen nach Vorgabe an.

Grün:

2.300	3.200	3.300	3.400	4.100	4.200	4.300	4.400	4.500	8.300	9.300

Blau:

2.800	3.700	3.800	3.900	4.600	4.700	4.800	4.900	5.000	8.800	9.800

Lila:

5.100	5.200	5.300	5.400	5.500	6.100	6.300	6.500	7.100	7.200	7.300
7.400	7.500	8.100	8.200	8.400	8.500	9.100	9.200	9.400	9.500	

Orange:

5.600	5.700	5.800	5.900	6.000	6.600	6.800	7.000	7.600	7.700	7.800
7.900	8.000	8.600	8.700	8.900	9.000	9.600	9.700	9.900	10.000	

Gelb:

6.200	6.400	6.700	6.900

3 Orientieren im Zahlenraum bis 100.000

Das Hunderttausenderfeld in Tausenderschritten

 Ergänze die fehlenden Zahlen. 

1.000	2.000	3.000	4.000	5.000	6.000	7.000	8.000		10.000
11.000	12.000		14.000	15.000	16.000	17.000	18.000	19.000	20.000
21.000	22.000	23.000	24.000		26.000	27.000	28.000	29.000	30.000
	32.000	33.000	34.000	35.000	36.000	37.000	38.000	39.000	40.000
41.000	42.000	43.000		45.000	46.000	47.000	48.000	49.000	50.000
51.000	52.000	53.000	54.000	55.000	56.000		58.000	59.000	60.000
61.000	62.000	63.000	64.000	65.000	66.000	67.000	68.000	69.000	
71.000	72.000	73.000	74.000	75.000		77.000	78.000	79.000	80.000
81.000	82.000		84.000	85.000	86.000	87.000	88.000	89.000	90.000
91.000	92.000	93.000	94.000	95.000	96.000	97.000		99.000	100.000

 Trage die ergänzten Zahlen geordnet ein.

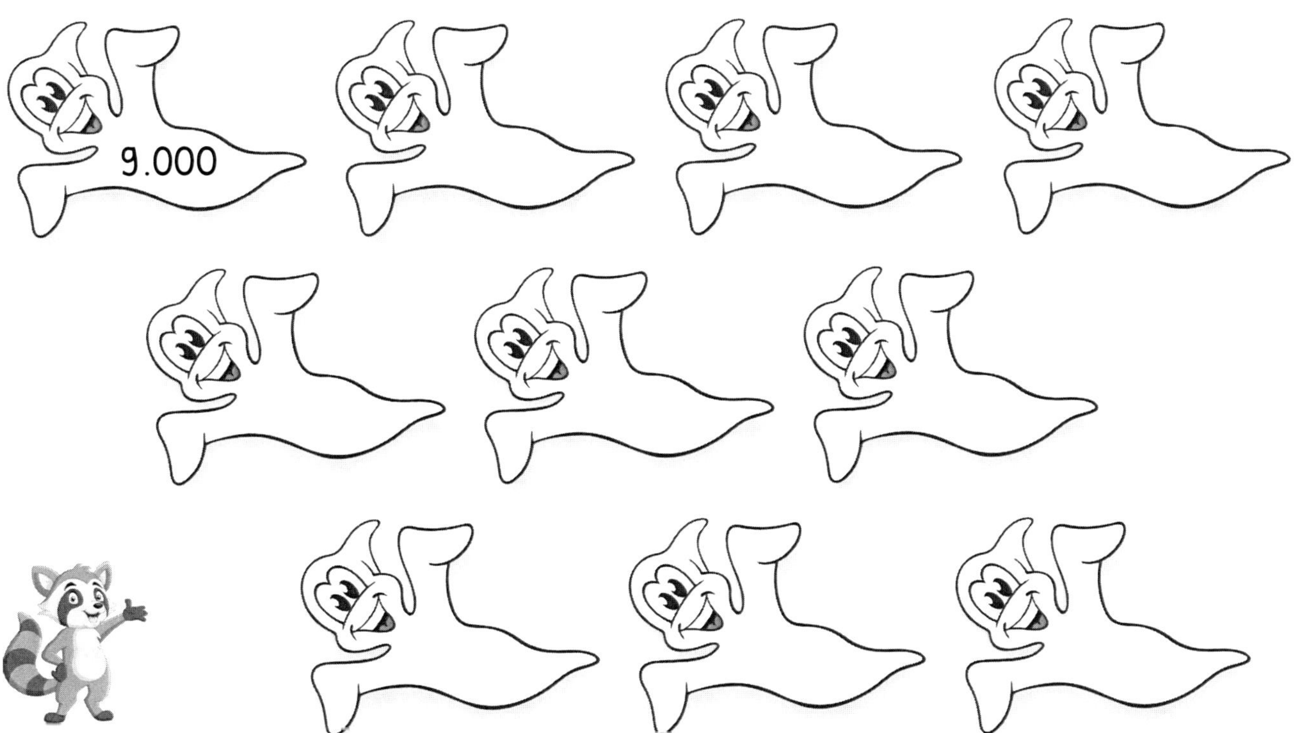

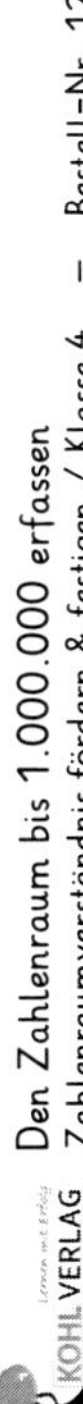
Den Zahlenraum bis 1.000.000 erfassen
Zahlenraumverständnis fördern & festigen / Klasse 4 – Bestell-Nr. 12 331
KOHL VERLAG

4 Orientieren im Zahlenraum bis 1.000.000

Zahlen ergänzen in Hunderttausenderschritten.

Ergänze die fehlenden Zahlen in Hunderttausenderschritten.

100.000

1.000.000

5

Orientieren im Zahlenraum bis 1.000.000

Stellenwerttafel

Million (Mio),
Hunderttausender (HT),
Zehntausender (ZT),
Tausender (T),
Hunderter (H),
Zehner (Z),
Einer (E)

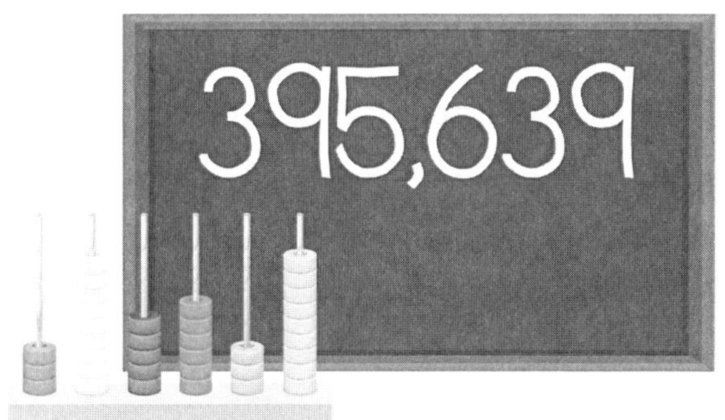

Trage die Zahlen in die Stellenwerttafel ein.

Zahl	Mio	HT	ZT	T	H	Z	E
19.738			1	9	7	3	8
34.945							
678.352							
324.476							

Zahl	Mio	HT	ZT	T	H	Z	E
8.587							
57.369							
1.000.000							
2.190.220							

Zahl	Mio	HT	ZT	T	H	Z	E
4.321							
96.450							
762.349							
3.275.363							

5 Orientieren im Zahlenraum bis 1.000.000

Stellenwerttafel

Million (Mio),
Hunderttausender (HT),
Zehntausender (ZT),
Tausender (T),
Hunderter (H),
Zehner (Z),
Einer (E)

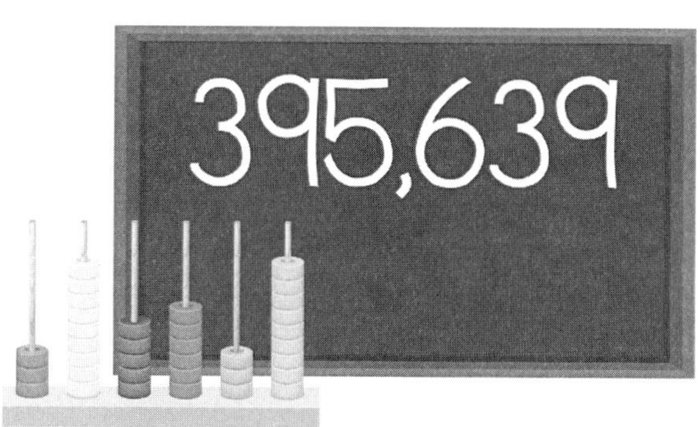

Wie heißen die Zahlen? Trage ein.

Mio	HT	ZT	T	H	Z	E	Zahl
		7	6	3	5	4	76.354
	5	4	3	2	8	1	
3	4	5	9	8	6	2	
	6	3	5	7	4	8	

Mio	HT	ZT	T	H	Z	E	Zahl
			4	8	7	2	
		9	7	5	4	3	
		6	8	9	7	5	
	8	7	6	4	6	9	

Mio	HT	ZT	T	H	Z	E	Zahl
6	5	8	7	6	3	7	
	2	6	5	3	7	9	
	7	4	3	8	5	6	
		5	6	4	6	5	

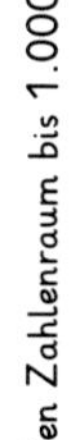

6 Orientieren im Zahlenraum bis 1.000.000

Zahlen zerlegen

Wie heißt die Zahl?

40.000 + 7.000 + 300 + 80 + 6 = 47.386

60.000 + 8.000 + 400 + 50 + 3 = ____________

80.000 + 6.000 + 500 + 20 + 7 = ____________

20.000 + 4.000 + 200 + 60 + 5 = ____________

50.000 + 9.000 + 600 + 30 + 4 = ____________

70.000 + 5.000 + 800 + 70 + 9 = ____________

300.000 + 70.000 + 5.000 + 400 + 60 + 3 = 375.463

500.000 + 80.000 + 3.000 + 600 + 40 + 6 = ____________

700.000 + 30.000 + 4.000 + 300 + 80 + 9 = ____________

100.000 + 60.000 + 7.000 + 800 + 30 + 7 = ____________

600.000 + 50.000 + 2.000 + 500 + 70 + 2 = ____________

900.000 + 20.000 + 6.000 + 700 + 90 + 8 = ____________

2.000.000 + 400.000 + 30.000 + 6.000 + 400 + 80 + 5 = 2.436.485

3.000.000 + 700.000 + 40.000 + 3.000 + 700 + 30 + 8 = ____________

4.000.000 + 600.000 + 70.000 + 4.000 + 500 + 20 + 6 = ____________

Den Zahlenraum bis 1.000.000 erfassen
Zahlenraumverständnis fördern & festigen / Klasse 4 – Bestell-Nr. 12 381
KOHL VERLAG

7 Orientieren im Zahlenraum bis 1.000.000

Nachbarzahlen

Finde den Vorgänger und den Nachfolger.

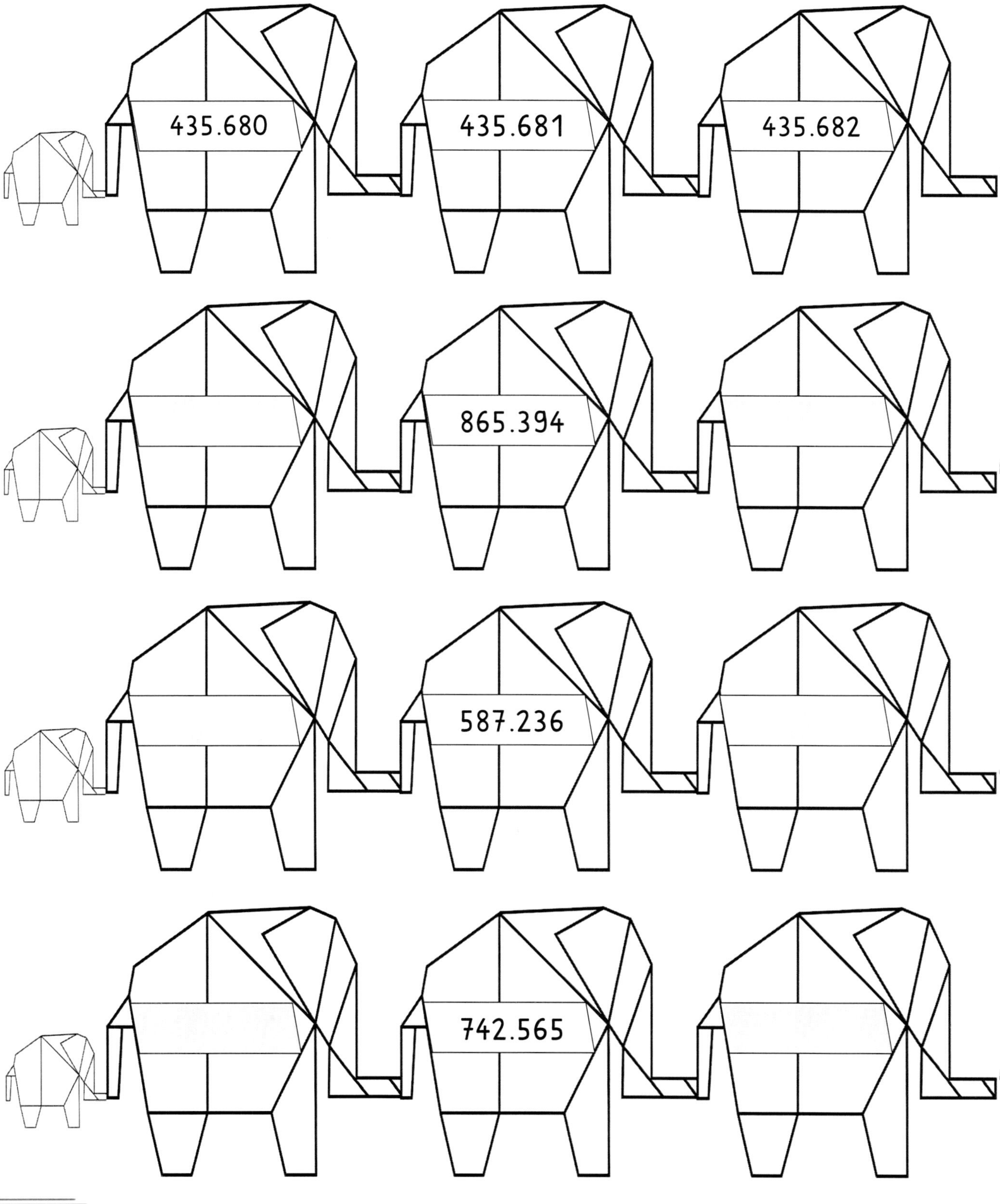

Vorgänger	Zahl	Nachfolger
435.680	435.681	435.682
	865.394	
	587.236	
	742.565	

Den Zahlenraum bis 1.000.000 erfassen

7 Orientieren im Zahlenraum bis 1.000.000

Nachbartausender

 Finde die Nachbartausender. 

694.000 694.751 695.000

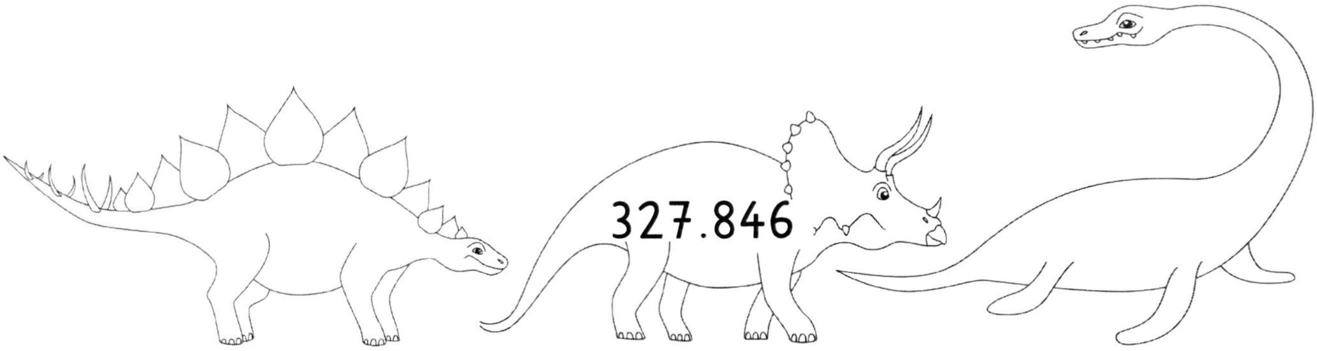

327.846

915.873

883.962

Den Zahlenraum bis 1.000.000 erfassen
Zahlenraumverständnis fördern & festigen / Klasse 4 – Bestell-Nr. 12 381
KOHL VERLAG

7

Orientieren im Zahlenraum bis 1.000.000

Nachbarzehntausender

Finde die Nachbarzehntausender.

320.000	326.538	330.000
	562.426	
	743.945	
	654.855	

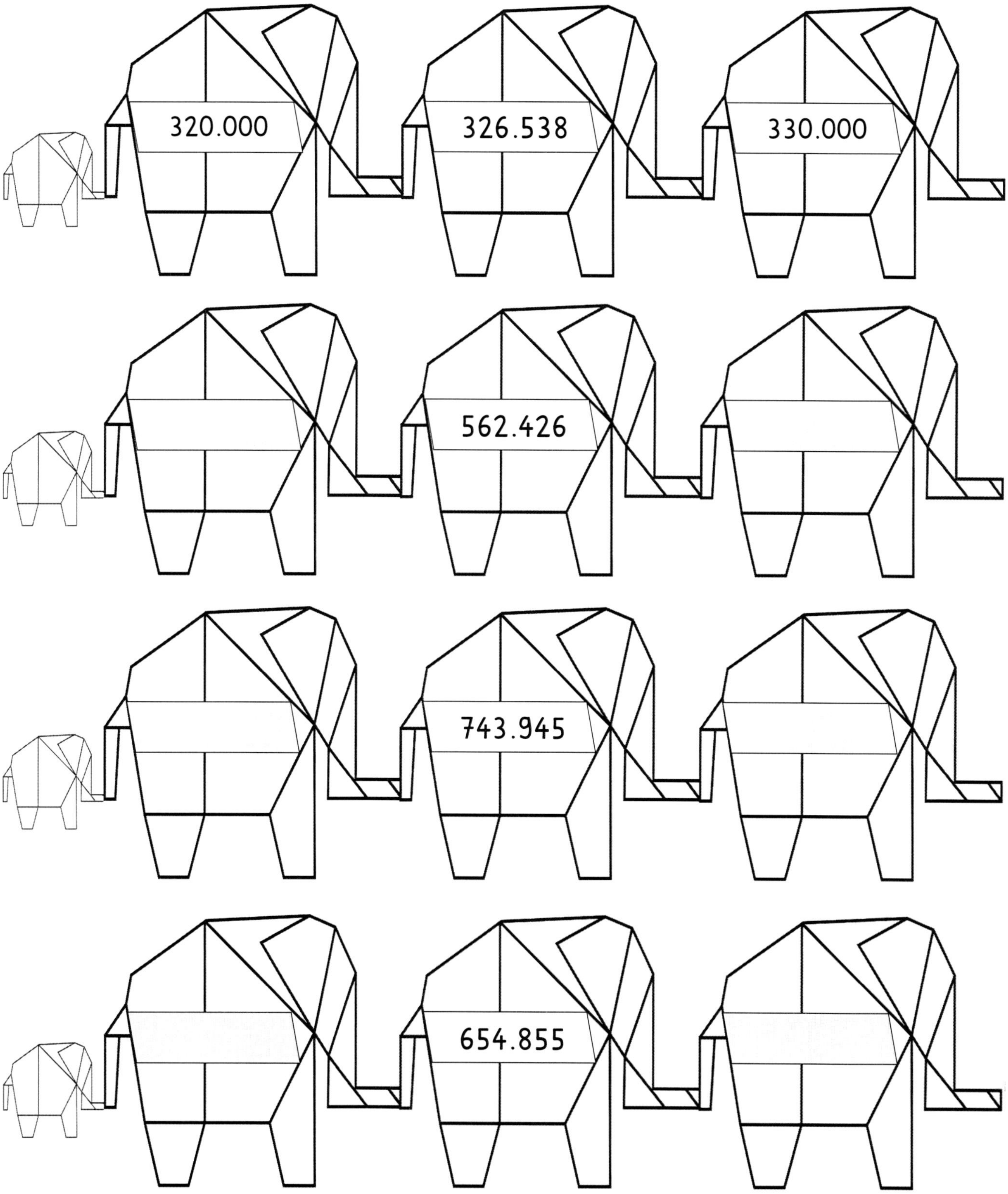

7 Orientieren im Zahlenraum bis 1.000.000

Nachbarhunderttausender

Finde die Nachbarhunderttausender.

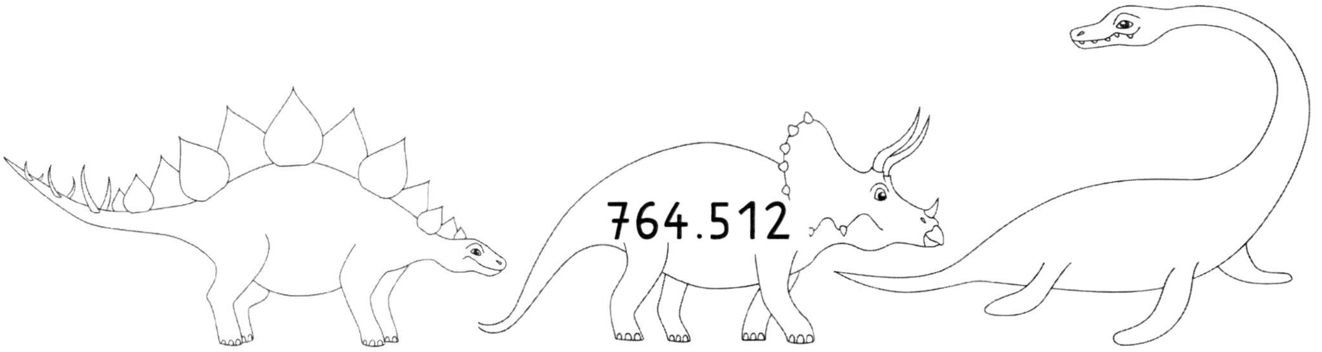

400.000	429.373	500.000
	764.512	
	386.685	
	990.969	

Den Zahlenraum bis 1.000.000 erfassen
Zahlenraumverständnis fördern & festigen / Klasse 4 – Bestell-Nr. 12 381
KOHL VERLAG

8 Orientieren im Zahlenraum bis 1.000.000

Zahlen ergänzen

Immer bis 1.000.000

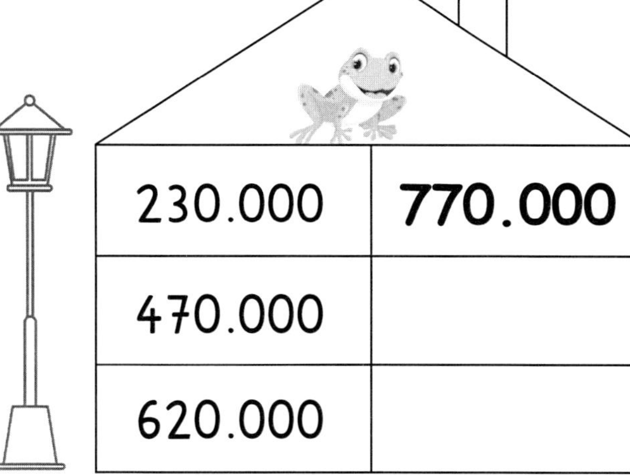

230.000	**770.000**
470.000	
620.000	

190.000	
360.000	
540.000	

555.000	
835.000	
315.000	

225.000	
665.000	
485.000	

740.000	
320.000	
180.000	

857.000	
643.000	
584.000	

9 Schrittweise addieren im Zahlenraum bis 1.000.000

Rechne die Aufgaben.

32.335 + 45.634 = 77.969	64.324 + 34.263 = ________
32.335 + 40.000 = 72.335	64.324 + 30.000 = ________
72.335 + 5.000 = 77.335	________ + 4.000 = ________
77.335 + 600 = 77.935	________ + 200 = ________
77.935 + 30 = 77.965	________ + 60 = ________
77.965 + 4 = 77.969	________ + 3 = ________

41.553 + 53.244 = ________	56.121 + 24.468 = ________
41.553 + ________ = ________	56.121 + ________ = ________
________ + ________ = ________	________ + ________ = ________
________ + ________ = ________	________ + ________ = ________
________ + ________ = ________	________ + ________ = ________
________ + ________ = ________	________ + ________ = ________

75.230 + 12.569 = ________	25.450 + 22.326 = ________
75.230 + ________ = ________	25.450 + ________ = ________
________ + ________ = ________	________ + ________ = ________
________ + ________ = ________	________ + ________ = ________
________ + ________ = ________	________ + ________ = ________
________ + ________ = ________	________ + ________ = ________

KOHL VERLAG
Den Zahlenraum bis 1.000.000 erfassen
Zahlenraumverständnis fördern & festigen / Klasse 4 – Bestell-Nr. 12 381

9 Schrittweise addieren im Zahlenraum bis 1.000.000

 Rechne die Aufgaben.

423.114 + 313.224 = 736.338

423.114 + 300.000 = 723.114
723.114 + 10.000 = 733.114
733.114 + 3.000 = 736.114
736.114 + 200 = 736.314
736.314 + 20 = 736.334
736.334 + 4 = 736.338

632.241 + 227.342 = ______

632.241 + 200.000 = ______
______ + 20.000 = ______
______ + 7.000 = ______
______ + 300 = ______
______ + 40 = ______
______ + 2 = ______

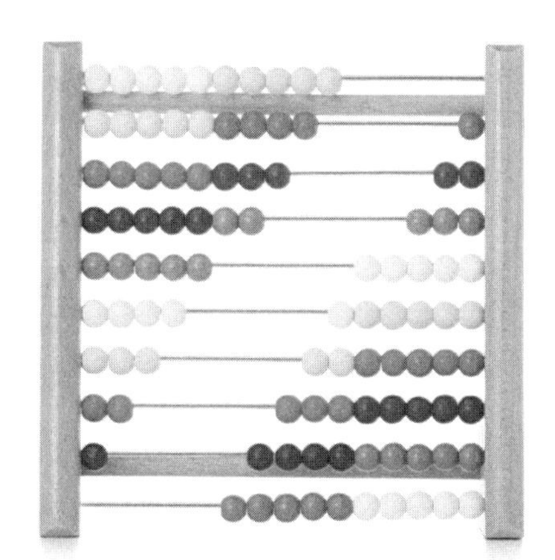

545.313 + 421.435 = ______

545.313 + ______ = ______
______ + ______ = ______
______ + ______ = ______
______ + ______ = ______
______ + ______ = ______
______ + ______ = ______

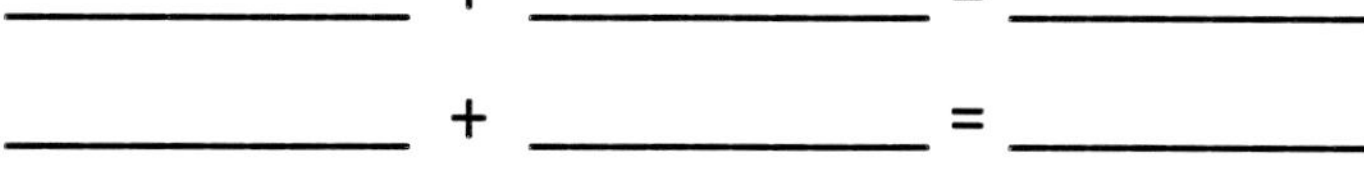

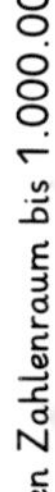

10 Schriftlich addieren im Zahlenraum bis 1.000.000

Ohne Übertrag

 Rechne die Aufgaben. 

65.450	73.621	45.864
+ 42.136	+ 36.217	+ 23.031
107.586		

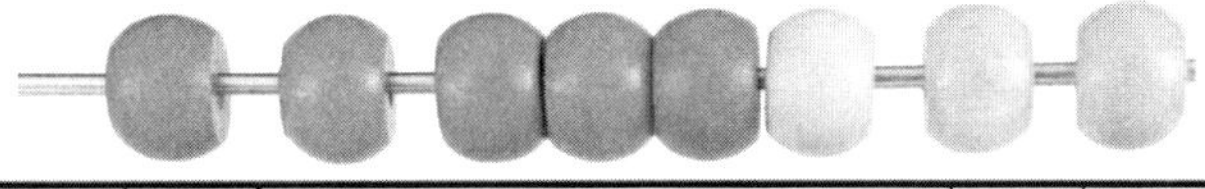

37.582	56.370	28.703
+ 52.114	+ 22.319	+ 30.164

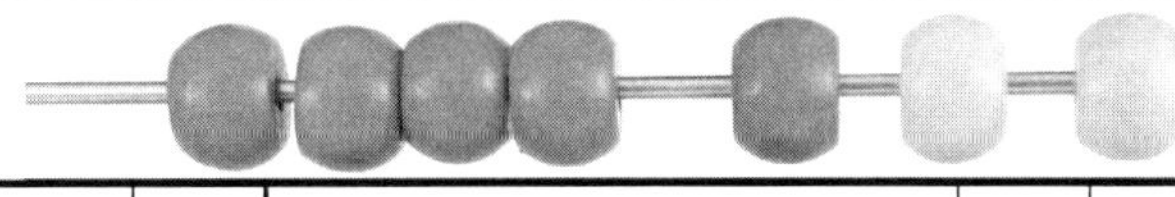

18.493	24.614	32.615
+ 30.102	+ 72.153	+ 56.081

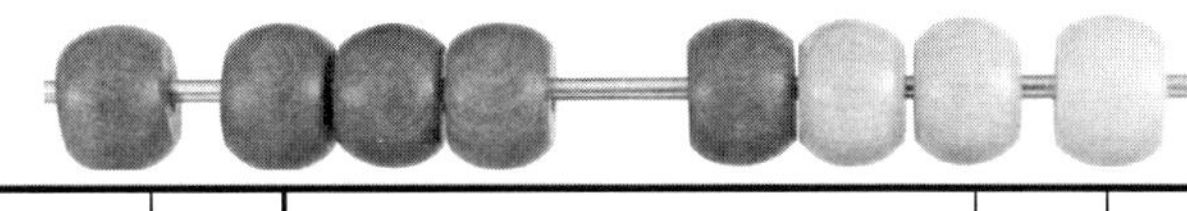

53.282	45.327	49.429
+ 24.306	+ 11.421	+ 20.450

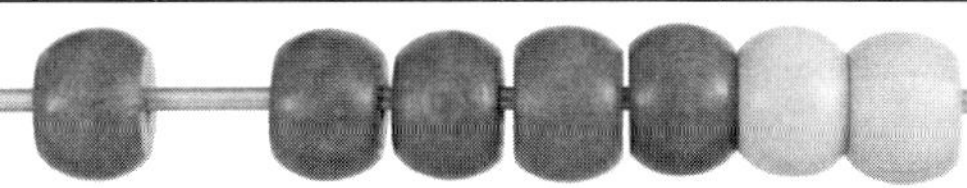

KOHL VERLAG
Den Zahlenraum bis 1.000.000 erfassen
Zahlenraumverständnis fördern & festigen / Klasse 4 – Bestell-Nr. 12 381

10 Schriftlich addieren im Zahlenraum bis 1.000.000

Mit Übertrag

 Rechne die Aufgaben.

326.540	373.261	545.648
+ 247.351	+ 634.712	+ 323.319
1		
573.891		

735.852	653.703	329.417
+ 251.413	+ 261.193	+ 541.372

481.334	814.018	236.516
+ 242.210	+ 285.829	+ 436.462

350.833	374.753	756.898
+ 520.452	+ 423.166	+ 243.102

11 Addieren im Zahlenraum bis 1.000.000

Zahlen verdoppeln

 Verdopple die Zahl. 

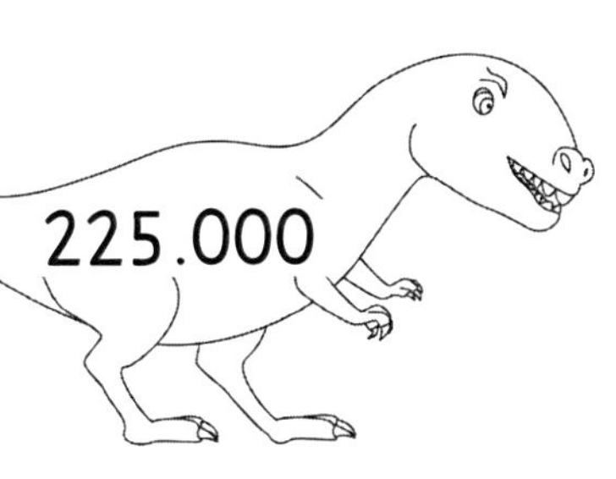

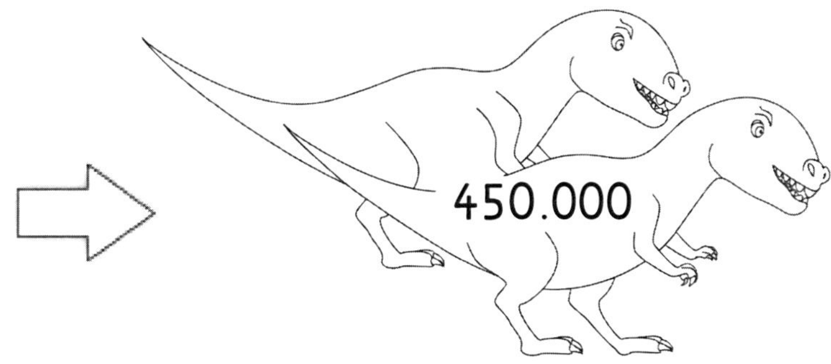

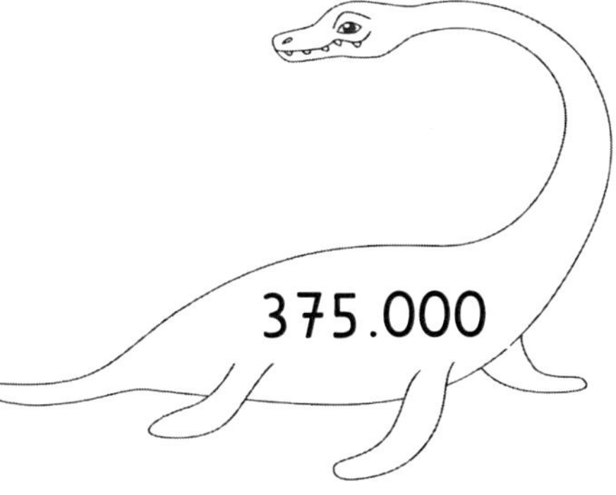

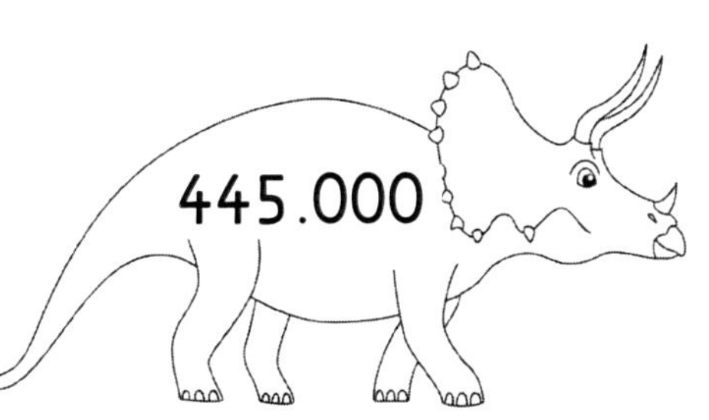

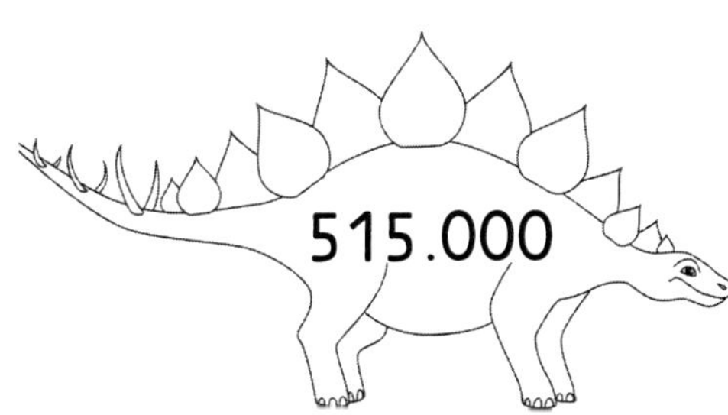

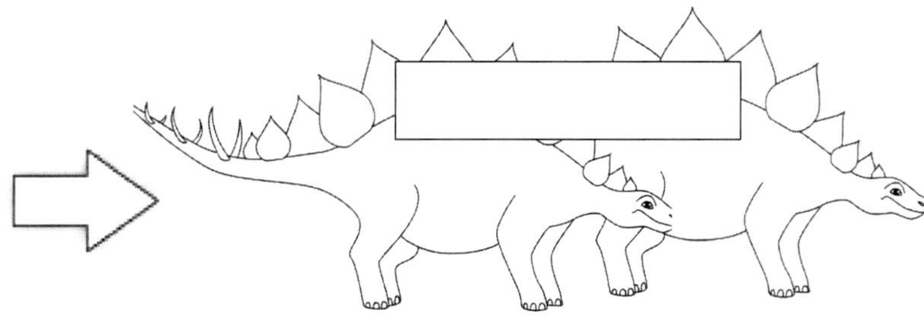

KOHL VERLAG Den Zahlenraum bis 1.000.000 erfassen
Zahlenraumverständnis fördern & festigen / Klasse 4 – Bestell-Nr. 12 381

12 Schrittweise subtrahieren im Zahlenraum bis 1.000.000

Rechne die Aufgaben.

89.867 – 53.542 = 36.325	97.678 – 46.325 = ______
89.867 – 50.000 = 39.867	97.678 – 40.000 =
39.867 – 3.000 = 36.867	______ – 6.000 = ______
36.867 – 500 = 36.367	______ – 300 = ______
36.367 – 40 = 36.327	______ – 20 = ______
36.327 – 2 = 36.325	______ – 5 = ______

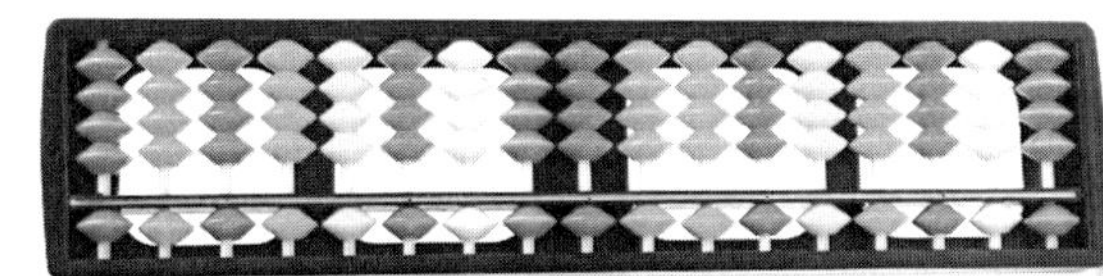

65.996 – 34.643 = ______	78.865 – 63.352 = ______
65.996 – ______ = ______	78.865 – ______ = ______
______ – ______ = ______	______ – ______ = ______
______ – ______ = ______	______ – ______ = ______
______ – ______ = ______	______ – ______ = ______
______ – ______ = ______	______ – ______ = ______

99.999 – 73.454 = ______	86.879 – 52.347 = ______
99.999 – ______ = ______	86.879 – ______ = ______
______ – ______ = ______	______ – ______ = ______
______ – ______ = ______	______ – ______ = ______
______ – ______ = ______	______ – ______ = ______
______ – ______ = ______	______ – ______ = ______

12 Schrittweise subtrahieren im Zahlenraum bis 1.000.000

Rechne die Aufgaben.

894.778 – 452.343 = 442.435

894.778 – 400.000 = 494.778
494.778 – 50.000 = 444.778
444.778 – 2.000 = 442.778
442.778 – 300 = 442.478
442.478 – 40 = 442.438
442.438 – 3 = 442.435

989.977 – 636.435 = ____________

989.977 – 600.000 = ____________
____________ – 30.000 = ____________
____________ – 6.000 = ____________
____________ – 400 = ____________
____________ – 30 = ____________
____________ – 5 = ____________

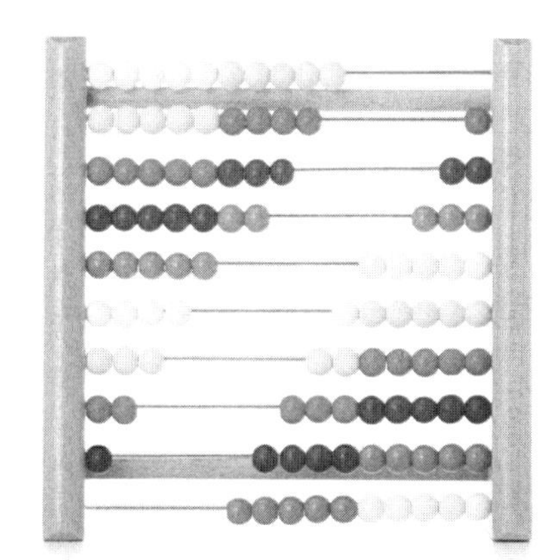

758.689 – 237.467 = ____________

758.689 – ____________ = ____________
____________ – ____________ = ____________
____________ – ____________ = ____________
____________ – ____________ = ____________
____________ – ____________ = ____________
____________ – ____________ = ____________

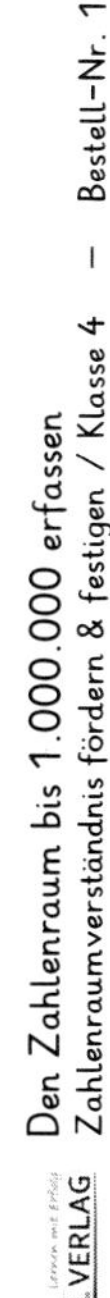

13 Schriftlich subtrahieren im Zahlenraum bis 1.000.000

Ohne Übertrag

Rechne die Aufgaben.

76.845 − 24.523 52.322	87.778 − 34.235	54.946 − 31.725
98.867 − 56.523	89.799 − 64.267	65.658 − 34.323
46.956 − 25.124	83.765 − 51.323	58.879 − 32.123
99.878 − 32.403	69.857 − 23.232	76.898 − 41.631

13 Schriftlich subtrahieren im Zahlenraum bis 1.000.000

Mit Übertrag

Rechne die Aufgaben.

623.458 − 314.324 1 309.134	753.648 − 342.329	887.756 − 563.832
595.886 − 243.593	989.557 − 353.328	768.978 − 472.431
684.693 − 123.851	839.339 − 678.017	999.969 − 342.475
598.685 − 335.317	786.853 − 343.921	897.970 − 142.580

KOHL VERLAG Den Zahlenraum bis 1.000.000 erfassen
Zahlenraumverständnis fördern & festigen / Klasse 4 – Bestell-Nr. 12 381

14 Subtrahieren im Zahlenraum bis 1.000.000

Zahlen halbieren

Halbiere die Zahl.

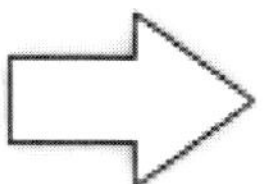

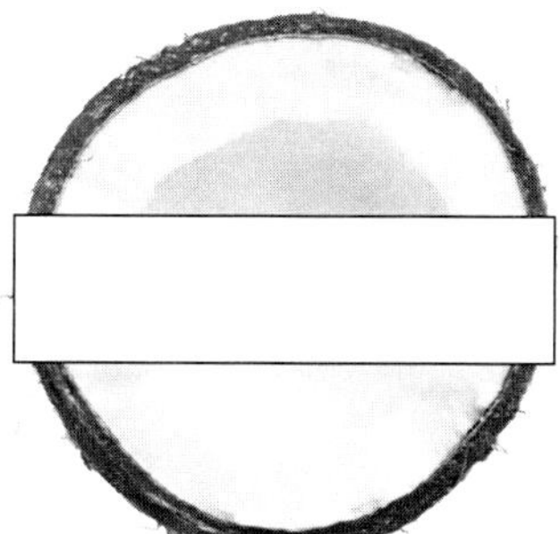

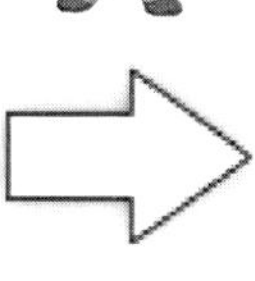

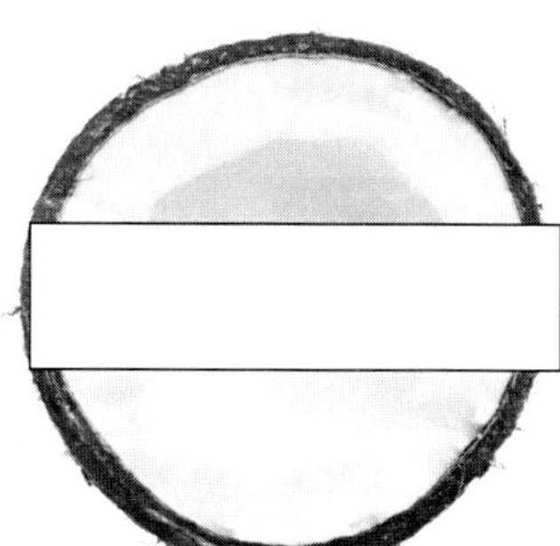

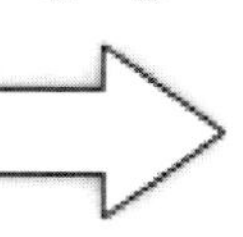

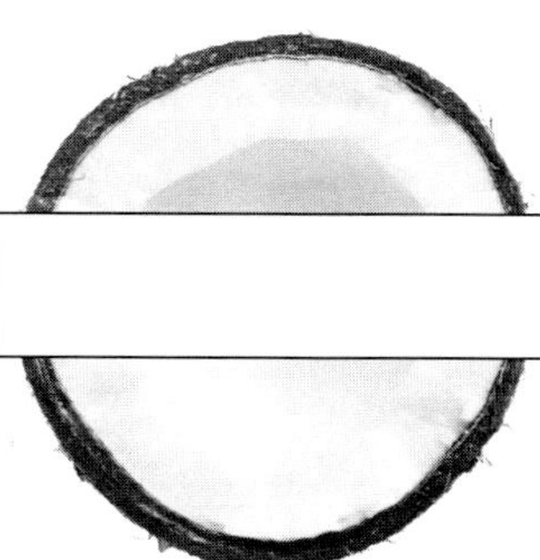

15 Multiplizieren im Zahlenraum bis 1.000.000

Das Einmaleins mit großen Zahlen

Rechne die Aufgaben.

3 • 40 = 120	2 • 30 = ________
3 • 400 = 1.200	2 • 300 = ________
3 • 4.000 = 12.000	2 • 3.000 = ________
3 • 40.000 = 120.000	2 • 30.000 = ________

5 • 60 = ________	4 • 50 = ________
5 • 600 = ________	4 • 500 = ________
5 • 6.000 = ________	4 • 5.000 = ________
5 • 60.000 = ________	4 • 50.000 = ________

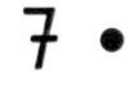

7 • 80 = ________	6 • 70 = ________
7 • 800 = ________	6 • 700 = ________
7 • 8.000 = ________	6 • 7.000 = ________
7 • 80.000 = ________	6 • 70.000 = ________

9 • 20 = ________	8 • 90 = ________
9 • 200 = ________	8 • 900 = ________
9 • 2.000 = ________	8 • 9.000 = ________
9 • 20.000 = ________	8 • 90.000 = ________

KOHL VERLAG
Den Zahlenraum bis 1.000.000 erfassen
Zahlenraumverständnis fördern & festigen / Klasse 4 – Bestell-Nr. 12 381

15 Multiplizieren im Zahlenraum bis 1.000.000

Das Einmaleins mit großen Zahlen

Rechne die Aufgaben.

6 • 20 = 120	4 • 90 = ______
6 • 200 = 1.200	4 • 900 = ______
6 • 2.000 = 12.000	4 • 9.000 = ______
6 • 20.000 = 120.000	4 • 90.000 = ______

2 • 70 = ______	3 • 80 = ______
2 • 700 = ______	3 • 800 = ______
2 • 7.000 = ______	3 • 8.000 = ______
2 • 70.000 = ______	3 • 80.000 = ______

7 • 80 = ______	9 • 50 = ______
7 • 800 = ______	9 • 500 = ______
7 • 8.000 = ______	9 • 5.000 = ______
7 • 80.000 = ______	9 • 50.000 = ______

8 • 40 = ______	5 • 30 = ______
8 • 400 = ______	5 • 300 = ______
8 • 4.000 = ______	5 • 3.000 = ______
8 • 40.000 = ______	5 • 30.000 = ______

16 Schrittweise Multiplizieren im Zahlenraum bis 1.000.000

Rechne die Aufgaben.

3 • 2.456 = 7.368	6 • 6.547 = ______
______	______
3 • 2.000 = 6.000	6 • 6.000 = ______
3 • 400 = 1.200	6 • 500 = ______
3 • 50 = 150	6 • 40 = ______
3 • 6 = 18	6 • 7 = ______

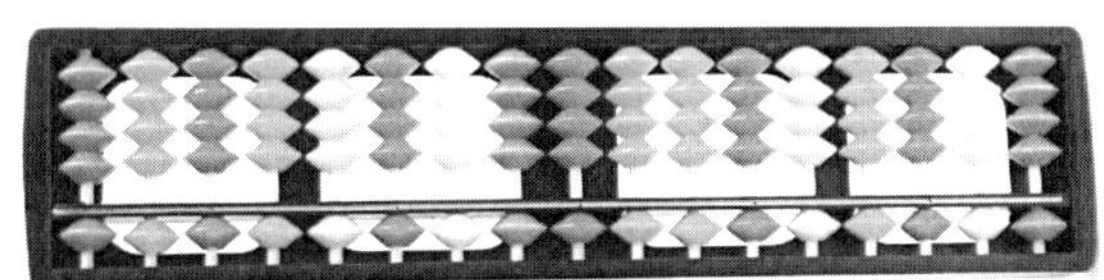

2 • 7.753 = ______	4 • 8.739 = ______
______	______
2 • ______ = ______	4 • ______ = ______
2 • ______ = ______	4 • ______ = ______
2 • ______ = ______	4 • ______ = ______
2 • ______ = ______	4 • ______ = ______

5 • 4.324 = ______	7 • 9.357 = ______
______	______
5 • ______ = ______	7 • ______ = ______
5 • ______ = ______	7 • ______ = ______
5 • ______ = ______	7 • ______ = ______
5 • ______ = ______	7 • ______ = ______

KOHL VERLAG
Den Zahlenraum bis 1.000.000 erfassen
Zahlenraumverständnis fördern & festigen / Klasse 4 – Bestell-Nr. 12 381

17 Schriftlich multiplizieren im Zahlenraum bis 1.000.000

Rechne die Aufgaben.

347 • 3 1 2 1041	435 • 4
286 • 2	654 • 5

572 • 7	823 • 8
425 • 9	364 • 3

17 Schriftlich multiplizieren im Zahlenraum bis 1.000.000

Rechne die Aufgaben.

2435 • 4 1 1 2 9740	3826 • 3
6542 • 3	5623 • 4

4754 • 2	7367 • 5
8247 • 5	3426 • 6

KOHL VERLAG Den Zahlenraum bis 1.000.000 erfassen Zahlenraumverständnis fördern & festigen / Klasse 4 – Bestell-Nr. 12 381

17 Schriftlich multiplizieren im Zahlenraum bis 1.000.000

 Rechne die Aufgaben. 

8543 • 30 25629 0000 256290	5374 • 50

4658 • 24	3267 • 43

2856 • 32	3423 • 46

17 Schriftlich multiplizieren im Zahlenraum bis 1.000.000

Rechne die Aufgaben.

4576 • 53	5242 • 28

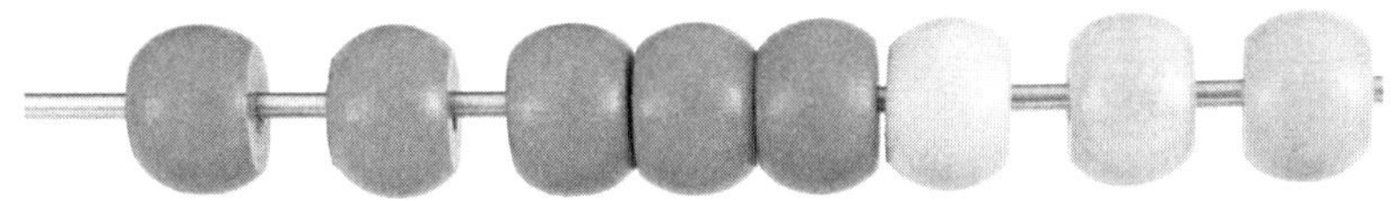

6457 • 64	7863 • 72

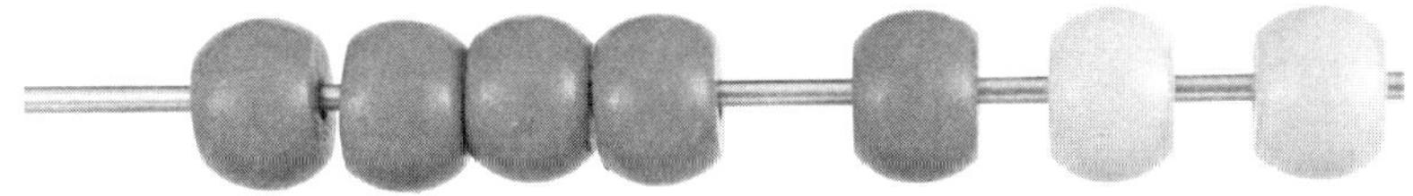

3545 • 35	2864 • 29

5767 • 26	3652 • 18

KOHL VERLAG Den Zahlenraum bis 1.000.000 erfassen
Zahlenraumverständnis fördern & festigen / Klasse 4 – Bestell-Nr. 12 381

17 Schriftlich multiplizieren im Zahlenraum bis 1.000.000

Rechne die Aufgaben.

3642 • 47	2345 • 58

4567 • 84	5678 • 92

9876 • 76	8765 • 63

7695 • 36	6576 • 57

18 Dividieren im Zahlenraum bis 1.000.000

Dividieren mit großen Zahlen

 Rechne die Aufgaben.

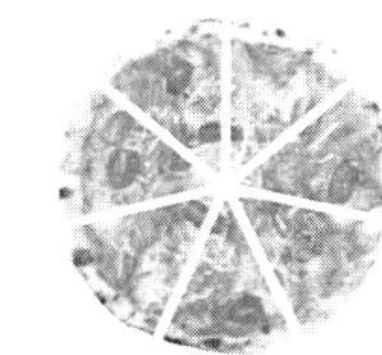

180 : 2 = 90	320 : 4 = ______
1.800 : 2 = 900	3.200 : 4 = ______
18.000 : 2 = 9.000	32.000 : 4 = ______
180.000 : 2 = 90.000	320.000 : 4 = ______

150 : 3 = ______	200 : 5 = ______
1.500 : 3 = ______	2.000 : 5 = ______
15.000 : 3 = ______	20.000 : 5 = ______
150.000 : 3 = ______	200.000 : 5 = ______

210 : 7 = ______	480 : 8 = ______
2.100 : 7 = ______	4.800 : 8 = ______
21.000 : 7 = ______	48.000 : 8 = ______
210.000 : 7 = ______	480.000 : 8 = ______

120 : 6 = ______	630 : 9 = ______
1.200 : 6 = ______	6.300 : 9 = ______
12.000 : 6 = ______	63.000 : 9 = ______
120.000 : 6 = ______	630.000 : 9 = ______

KOHL VERLAG
Den Zahlenraum bis 1.000.000 erfassen
Zahlenraumverständnis fördern & festigen / Klasse 4 – Bestell-Nr. 12 381

18 Dividieren im Zahlenraum bis 1.000.000

Dividieren mit großen Zahlen

Rechne die Aufgaben.

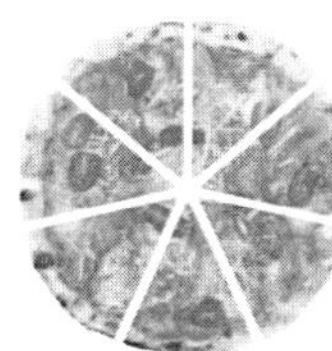

270 : 9 = 30	720 : 8 = ______
2.700 : 9 = 300	7.200 : 8 = ______
27.000 : 9 = 3.000	72.000 : 8 = ______
270.000 : 9 = 30.000	720.000 : 8 = ______

420 : 6 = ______	300 : 5 = ______
4.200 : 6 = ______	3.000 : 5 = ______
42.000 : 6 = ______	30.000 : 5 = ______
420.000 : 6 = ______	300.000 : 5 = ______

240 : 3 = ______	100 : 2 = ______
2.400 : 3 = ______	1.000 : 2 = ______
24.000 : 3 = ______	10.000 : 2 = ______
240.000 : 3 = ______	100.000 : 2 = ______

160 : 4 = ______	140 : 7 = ______
1.600 : 4 = ______	1.400 : 7 = ______
16.000 : 4 = ______	14.000 : 7 = ______
160.000 : 4 = ______	140.000 : 7 = ______

19 Schrittweise dividieren im Zahlenraum bis 1.000.000

 Rechne die Aufgaben.

5436 : 6 = 906 ___________ 5400 : 6 = 900 36 : 6 = 6	2816 : 4 = ______ ___________ 2800 : 4 = ______ 16 : 4 = ______

2535 : 5 = ______ ___________ ______ : 5 = ______ ______ : 5 = ______	2135 : 7 = ______ ___________ ______ : 7 = ______ ______ : 7 = ______

3627 : 9 = ______ ___________ ______ : 9 = ______ ______ : 9 = ______	6432 : 8 = ______ ___________ ______ : 8 = ______ ______ : 8 = ______

2127 : 3 = ______ ___________ ______ : 3 = ______ ______ : 3 = ______	1214 : 2 = ______ ___________ ______ : 2 = ______ ______ : 2 = ______

KOHL VERLAG Den Zahlenraum bis 1.000.000 erfassen
Zahlenraumverständnis fördern & festigen / Klasse 4 – Bestell-Nr. 12 381

20 Schriftlich dividieren im Zahlenraum bis 1.000.000

 Rechne die Aufgaben.

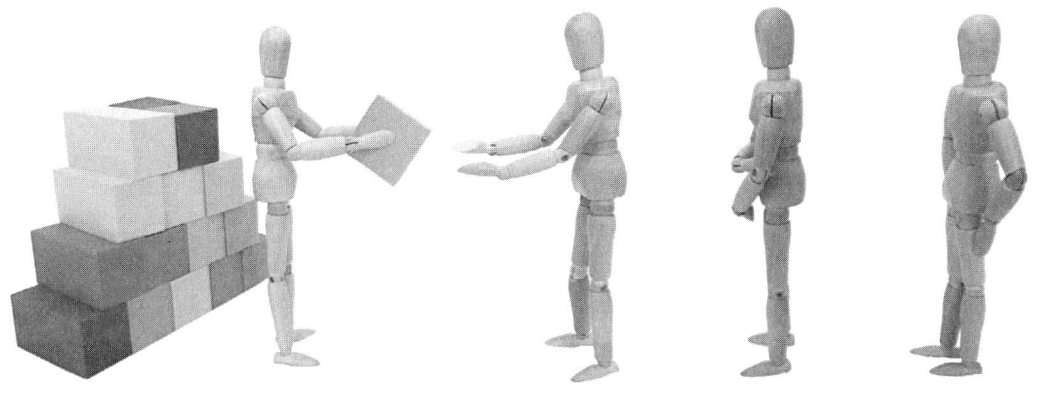

	Probe
864 : 4 = 216 8 06 04 24 24 0	216 • 4 864

	Probe
575 : 5 = ________ – – –	____________

20 Schriftlich dividieren im Zahlenraum bis 1.000.000

 Rechne die Aufgaben. 

2721 : 3 = 907
27
02
0
21
21
0

Probe
907 • 3
2721

4263 : 7 = ______

Probe

1612 : 2 = ______

Probe

2016 : 4 = ______

Probe

3224 : 8 = ______

Probe

6372 : 9 = ______

Probe

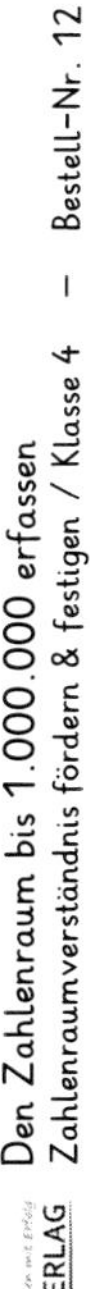

Den Zahlenraum bis 1.000.000 erfassen
Zahlenraumverständnis fördern & festigen / Klasse 4 – Bestell-Nr. 12 331

20 Schriftlich dividieren im Zahlenraum bis 1.000.000

Rechne die Aufgaben.

24189 : 3 = 8063 24 01 0 18 18 09 9 0 Probe	18148 : 2 = ______ Probe
36642 : 6 = ______ Probe	16832 : 4 = ______ Probe

25450 : 5 = ______ Probe	14490 : 7 = ______ Probe

Den Zahlenraum bis 1.000.000 erfassen

20 Schriftlich dividieren im Zahlenraum bis 1.000.000

Rechne die Aufgaben.

183654 : 9 = 20406
18
 03
  0
  36
  36
   05
    0
    54
    54
     0

Probe

___

481664 : 8 = ___

Probe

___

203515 : 5 = ___

Probe

___

186486 : 6 = ___

Probe

___

KOHL VERLAG Den Zahlenraum bis 1.000.000 erfassen Zahlenraumverständnis fördern & festigen / Klasse 4 – Bestell-Nr. 12 381

20 Schriftlich dividieren im Zahlenraum bis 1.000.000

Rechne die Aufgaben.

271224 : 3 = ______	357497 : 7 = ______
Probe	Probe

322036 : 4 = ______	186246 : 2 = ______
Probe	Probe

Lösungen

Seite 5 Orientieren im Zahlenraum bis 1000 – Das Tausenderfeld in Schritten

60, 190, 220, 340 480, 600, 610 730, 890, 920

Seite 6 Orientieren im Zahlenraum bis 10.000 – Das Zehntausenderfeld.

100	200	300	**400**	500	600	700	800	900	1.000
1.100	1.200	1.300	1.400	1.500	1.600	**1.700**	1.800	1.900	2.000
2.100	2.200	2.300	2.400	**2.500**	2.600	2.700	2.800	2.900	3.000
3.100	3.200	3.300	3.400	3.500	3.600	3.700	3.800	**3.900**	4.000
4.100	**4.200**	4.300	4.400	4.500	4.600	4.700	4.800	4.900	5.000
5.100	5.200	5.300	5.400	5.500	**5.600**	5.700	5.800	5.900	6.000
6.100	6.200	6.300	6.400	6.500	6.600	6.700	6.800	6.900	7.000
7.100	7.200	7.300	**7.400**	7.500	7.600	7.700	7.800	7.900	8.000
8.100	8.200	8.300	8.400	8.500	8.600	8.700	8.800	8.900	**9.000**
9.100	9.200	**9.300**	9.400	9.500	9.600	9.700	9.800	9.900	10.000

Seite 7 Orientieren im Zahlenraum bis 100.000 – Das Hunderttausenderfeld

9.000, 13.000, 25.000, 31.000 44.000, 57.000, 70.000 76.000, 83.000, 98.000

Seite 8 Orientieren im Zahlenraum bis 1.000.000 – Zahlen ergänzen

100.000, 200.000, 300.000	400.000, 500.000, 600.000	700.000, 800.000, 900.000	1.000.000

Seite 9 Orientieren im Zahlenraum bis 1.000.000 – Stellenwerttafel

Zahl	Mio	HT	ZT	T	H	Z	E
19.738			1	9	7	3	8
34.945			3	4	9	4	5
678.352		6	7	8	3	5	2
324.476		3	2	4	4	7	6

Zahl	Mio	HT	ZT	T	H	Z	E
8.587				8	5	8	7
57.369			5	7	3	6	9
1.000.000	1	0	0	0	0	0	0
2.190.220	2	1	9	0	2	2	0

Zahl	Mio	HT	ZT	T	H	Z	E
4.321				4	3	2	1
96.450			9	6	4	5	0
762.349		7	6	2	3	4	9
3.275.363	3	2	7	5	3	6	3

Seite 10 Orientieren im Zahlenraum bis 1.000.000 – Stellenwerttafel

Mio	HT	ZT	T	H	Z	E	Zahl
		7	6	3	5	4	76.354
	5	4	3	2	8	1	**543.281**
3	4	5	9	8	6	2	**3.459.862**
	6	3	5	7	4	8	**635.748**

Mio	HT	ZT	T	H	Z	E	Zahl
			4	8	7	2	**4.872**
		9	7	5	4	3	**97.543**
		6	8	9	7	5	**68.975**
	8	7	6	4	6	9	**876.469**

Mio	HT	ZT	T	H	Z	E	Zahl
6	5	8	7	6	3	7	**6.587.637**
	2	6	5	3	7	9	**265.379**
	7	4	3	8	5	6	**743.856**
		5	6	4	6	5	**56.465**

Seite 11 Orientieren im Zahlenraum bis 1.000.000 – Zahlen zerlegen

40 000 + 7 000 + 300 + 80 + 6 = 47 386
60 000 + 8 000 + 400 + 50 + 3 = **68 453**
80 000 + 6 000 + 500 + 20 + 7 = **86 527**

20 000 + 4 000 + 200 + 60 + 5 = **24 265**
50 000 + 9 000 + 600 + 30 + 4 = **59 634**
70 000 + 5 000 + 800 + 70 + 9 = **75 879**

KOHL VERLAG Den Zahlenraum bis 1.000.000 erfassen
Zahlenraumverständnis fördern & festigen / Klasse 4 – Bestell-Nr. 12 331

Lösungen

Seite 11 Orientieren im Zahlenraum bis 1.000.000 – Zahlen zerlegen

300.000 + 70.000 + 5.000 + 400 + 60 + 3 = 375.463
500.000 + 80.000 + 3.000 + 600 + 40 + 6 = 583.646
700.000 + 30.000 + 4.000 + 300 + 80 + 9 = 734.389
100.000 + 60.000 + 7.000 + 800 + 30 + 7 = 167.837
600.000 + 50.000 + 2.000 + 500 + 70 + 2 = 652.572
900.000 + 20.000 + 6.000 + 700 + 90 + 8 = 926.798
2.000.000 + 400.000 + 30.000 + 6.000 + 400 + 80 + 5 = 2.436.485
3.000.000 + 700.000 + 40.000 + 3.000 + 700 + 30 + 8 = 3.743.738
4.000.000 + 600.000 + 70.000 + 4.000 + 500 + 20 + 6 = 4.674.526

Seite 12 Orientieren im Zahlenraum bis 1.000.000 – Nachbarzahlen

435.680, 435.681, 435.682	865.393, 865.394, 865.395	587.235, 587.236, 587.237	742.564, 742.565, 742.566

Seite 13 Orientieren im Zahlenraum bis 1.000.000 – Nachbartausender

694.000, 694.751, 695.000	327.000, 327.846, 328.000	915.000, 915.873, 916.000	883.000, 883.962, 884.000

Seite 14 Orientieren im Zahlenraum bis 1.000.000 – Nachbarzehntausender

320.000, 326.538, 330.000	560.000, 562.426, 570.000	740.000, 743.945, 750.000	650.000, 654.855, 660.000

Seite 15 Orientieren im Zahlenraum bis 1.000.000 – Nachbarhunderttausender

400.000, 429.373, 500.000	700.000, 764.512, 800.000	300.000, 386.685, 400.000	900.000, 990.969, 1.000.000

Seite 16 Orientieren im Zahlenraum bis 1.000.000 – Zahlen ergänzen

230.000	770.000	190.000	810.000	555.000	445.000
470.000	530.000	360.000	640.000	835.000	165.000
620.000	380.000	540.000	460.000	315.000	685.000

225.000	775.000	740.000	260.000	857.000	143.000
665.000	335.000	320.000	680.000	643.000	357.000
485.000	515.000	180.000	820.000	584.000	416.000

Seite 17 Schrittweise addieren im Zahlenraum bis 1.000.000

32.335 + 45.634 = 77.969	64.324 + 34.263 = 98.587	41.553 + 53.244 = 94.797
32.335 + 40.000 = 72.335	64.324 + 30.000 = 94.324	41.553 + 50.000 = 91.553
72.335 + 5.000 = 77.335	94.324 + 4.000 = 98.324	91.553 + 3.000 = 94.553
77.335 + 600 = 77.935	98.324 + 200 = 98.524	94.553 + 200 = 94.753
77.935 + 30 = 77.965	98.524 + 60 = 98.584	94.753 + 40 = 94.793
77.965 + 4 = 77.969	98.584 + 3 = 98.587	94.793 + 4 = 94.797

56.121 + 24.468 = 80.589	75.230 + 12.569 = 87.799	25.450 + 22.326 = 47.776
56.121 + 20.000 = 76.121	75.230 + 10.000 = 85.230	25.450 + 20.000 = 45.450
76.121 + 4.000 = 80.121	85.230 + 2.000 = 87.230	45.450 + 2.000 = 47.450
80.121 + 400 = 80.521	87.230 + 500 = 87.730	47.450 + 300 = 47.750
80.521 + 60 = 80.581	87.730 + 60 = 87.790	47.750 + 20 = 47.770
80.581 + 8 = 80.589	87.790 + 9 = 87.799	47.770 + 6 = 47.776

Seite 18 Schrittweise addieren im Zahlenraum bis 1.000.000

423.114 + 313.224 = 736.338	632.241 + 227.342 = 859.583	545.313 + 421.435 = 966.748
423.114 + 300.000 = 723.114	632.241 + 200.000 = 832.241	545.313 + 400.000 = 945.313
723.114 + 10.000 = 733.114	832.241 + 20.000 = 852.241	945.313 + 20.000 = 965.313
733.114 + 3.000 = 736.114	852.241 + 7.000 = 859.241	965.313 + 1.000 = 966.313
736.114 + 200 = 736.314	859.241 + 300 = 859.541	966.313 + 400 = 966.713
736.314 + 20 = 736.334	859.541 + 40 = 859.581	966.713 + 30 = 966.743
736.334 + 4 = 736.338	859.581 + 2 = 859.583	966.743 + 5 = 966.748

Lösungen

Seite 19 Schriftlich addieren im Zahlenraum bis 1.000.000 – ohne Übertrag

65.450 + 42.136 107.586	73.621 + 36.217 109.838	45.864 + 23.031 68.895	37.582 + 52.114 89.696	56.370 + 22.319 78.689	28.703 + 30.164 58.867
18.493 + 30.102 48.595	24.614 + 72.153 96.767	32.615 + 56.081 88.696	53.282 + 24.306 77.588	45.327 + 11.421 56.748	49.429 + 20.450 69.879

Seite 20 Schriftlich addieren im Zahlenraum bis 1.000.000 – mit Übertrag

326.540 + 247.351 1 573.891	373.261 + 634.712 1 1.007.973	545.648 + 323.319 1 868.967	735.852 + 251.413 1 987.265	653.703 + 261.193 1 914.896	329.417 + 541.372 1 870.789
481.334 + 242.210 1 723.544	814.018 + 285.829 1 1.099.847	236.516 + 436.462 1 672.978	350.833 + 520.452 1 871.285	374.753 + 423.166 1 797.919	756.898 + 243.102 11111 1.000.000

Seite 21 Addieren im Zahlenraum bis 1.000.000 – Zahlen verdoppeln

225.000, 450.000 375.000, 750.000 445.000, 890.000 515.000, 1.030.000

Seite 22 Schrittweise subtrahieren im Zahlenraum bis 1.000.000

89.867 – 53.542 = 36.325 89.867 – 50.000 = 39.867 39.867 – 3.000 = 36.867 36.867 – 500 = 36.367 36.367 – 40 = 36.327 36.327 – 2 = 36.325	97.678 – 46.325 = 51.353 97.678 – 40.000 = 57.678 57.678 – 6.000 = 51.678 51.678 – 300 = 51.378 51.378 – 20 = 51.358 51.358 – 5 = 51.353	65.996 – 34.643 = 31.353 65.996 – 30.000 = 35.996 35.996 – 4.000 = 31.996 31.996 – 600 = 31.396 31.396 – 40 = 31.356 31.356 – 3 = 31.353
78.865 – 63.352 = 15.213 78.865 – 60.000 = 18.865 18.865 – 3.000 = 15.865 15.865 – 300 = 15.565 15.565 – 50 = 15.515 15.515 – 2 = 15.513	99.999 – 73.454 = 26.545 99.999 – 70.000 = 29.999 29.999 – 3.000 = 26.999 26.999 – 400 = 26.599 26.599 – 50 = 26.549 26.549 – 4 = 26.545	86.879 – 52.347 = 34.532 86.879 – 50.000 = 36.879 36.879 – 2.000 = 34.879 34.879 – 300 = 34.579 34.579 – 40 = 34.539 34.539 – 7 = 34.532

Seite 23 Schrittweise subtrahieren im Zahlenraum bis 1.000.000

894.778 – 452.343 = 442.435 894.778 – 400.000 = 494.778 494.778 – 50.000 = 444.778 444.778 – 2.000 = 442.778 442.778 – 300 = 442.478 442.478 – 40 = 442.438 442.438 – 3 = 442.435	989.977 – 636.435 = 353.542 989.977 – 600.000 = 389.977 389.977 – 30.000 = 359.977 359.977 – 6.000 = 353.977 353.977 – 400 = 353.577 353.577 – 30 = 353.547 353.547 – 5 = 353.542	758.689 – 237.467 = 521.222 758.689 – 200.000 = 558.689 558.689 – 30.000 = 528.689 528.689 – 7.000 = 521.689 521.689 – 400 = 521.289 521.289 – 60 = 521.229 521.229 – 7 = 521.222

Seite 24 Schriftlich subtrahieren im Zahlenraum bis 1.000.000 – ohne Übertrag

76.845 – 24.523 52.322	87.778 – 34.235 53.543	54.946 – 31.725 23.221	98.867 – 56.523 42.344	89.799 – 64.267 25.532	65.658 – 34.323 31.335
46.956 – 25.124 21.832	83.765 – 51.323 32.442	58.879 – 32.123 26.756	99.878 – 32.403 67.475	69.857 – 23.232 46.625	76.898 – 41.631 35.267

Seite 25 Schriftlich subtrahieren im Zahlenraum bis 1.000.000 – mit Übertrag

623.458 – 314.324 1 309.134	753.648 – 342.329 1 411.319	887.756 – 563.832 1 323.924	595.886 – 243.593 1 352.293	989.557 – 353.328 1 636.229	768.978 – 472.431 1 296.547

Lösungen

Seite 25 Schriftlich subtrahieren im Zahlenraum bis 1.000.000 – mit Übertrag

684.693	839.339	999.969	598.685	786.853	897.970
– 123.851	– 678.017	– 342.475	– 335.317	– 343.921	– 142.580
1	1	1	1	1	1
560.842	161.322	657.494	263.368	442.932	755.390

Seite 26 Subtrahieren im Zahlenraum bis 1.000.000 – Zahlen halbieren

830.000, 415.000 790.000, 395.000 650.000, 325.000 570.000, 285.000

Seite 27 Multiplizieren im Zahlenraum bis 1.000.000 – Das Einmaleins

3 • 40 = 120	2 • 30 = 60	5 • 60 = 300	4 • 50 = 200
3 • 400 = 1.200	2 • 300 = 600	5 • 600 = 3.000	4 • 500 = 2.000
3 • 4.000 = 12.000	2 • 3.000 = 6.000	5 • 6.000 = 30.000	4 • 5.000 = 20.000
3 • 40.000 = 120.000	2 • 30.000 = 60.000	5 • 60.000 = 300.000	4 • 50.000 = 200.000

7 • 80 = 560	6 • 70 = 420	9 • 20 = 180	8 • 90 = 720
7 • 800 = 5.600	6 • 700 = 4.200	9 • 200 = 1.800	8 • 900 = 7.200
7 • 8.000 = 56.000	6 • 7.000 = 42.000	9 • 2.000 = 18.000	8 • 9.000 = 72.000
7 • 80.000 = 560.000	6 • 70.000 = 420.000	9 • 20.000 = 180.000	8 • 90.000 = 720.000

Seite 28 Multiplizieren im Zahlenraum bis 1.000.000 – Das Einmaleins

6 • 20 = 120	4 • 90 = 360	2 • 70 = 140	3 • 80 = 240
6 • 200 = 1.200	4 • 900 = 3.600	2 • 700 = 1.400	3 • 800 = 2.400
6 • 2.000 = 12.000	4 • 9.000 = 36.000	2 • 7.000 = 14.000	3 • 8.000 = 24.000
6 • 20.000 = 120.000	4 • 90.000 = 360.000	2 • 70.000 = 140.000	3 • 80.000 = 240.000

7 • 80 = 560	9 • 50 = 450	8 • 40 = 320	5 • 30 = 150
7 • 800 = 5.600	9 • 500 = 4.500	8 • 400 = 3.200	5 • 300 = 1.500
7 • 8.000 = 56.000	9 • 5.000 = 45.000	8 • 4.000 = 32.000	5 • 3.000 = 15.000
7 • 80.000 = 560.000	9 • 50.000 = 450.000	8 • 40.000 = 320.000	5 • 30.000 = 150.000

Seite 29 Schrittweise multiplizieren im Zahlenraum bis 1.000.000

3 • 2.456 = 7.368	6 • 6.547 = 39.282	2 • 7.753 = 15.506
3 • 2.000 = 6.000	6 • 6.000 = 36.000	2 • 7.000 = 14.000
3 • 400 = 1.200	6 • 500 = 3.000	2 • 700 = 1.400
3 • 50 = 150	6 • 40 = 240	2 • 50 = 100
3 • 6 = 18	6 • 7 = 42	2 • 3 = 6

4 • 8.739 = 34.956	5 • 4.324 = 21.620	7 • 9.357 = 65.499
4 • 8.000 = 32.000	5 • 4.000 = 20.000	7 • 9.000 = 63.000
4 • 700 = 2.800	5 • 300 = 1.500	7 • 300 = 2.100
4 • 30 = 120	5 • 20 = 100	7 • 50 = 350
4 • 9 = 36	5 • 4 = 20	7 • 7 = 49

Seite 30 Schriftlich multiplizieren im Zahlenraum bis 1.000.000

347 • 3	435 • 4	286 • 2	654 • 5	572 • 7	823 • 8	425 • 9	364 • 3
12	12	11	22	51	12	24	11
1041	1740	572	3270	4004	6584	3825	1092

Seite 31 Schriftlich multiplizieren im Zahlenraum bis 1.000.000

2435 • 4	3826 • 3	6542 • 3	5623 • 4	4754 • 2	7367 • 5	8247 • 5	3426 • 6
11 2	2 1	11	2 1	11	133	123	213
9740	11478	19626	22492	9508	36835	41235	20556

Seite 32 Schriftlich multiplizieren im Zahlenraum bis 1.000.000

8543 • 30	5374 • 50	4658 • 24	3267 • 43	2856 • 32	3423 • 46
25629	26870	9316	13068	8568	13692
0000	0000	18632	9801	5712	20538
256290	268700	111792	140481	91392	157458

Seite 33 Schriftlich multiplizieren im Zahlenraum bis 1.000.000

4576 • 53	5242 • 28	6457 • 64	7863 • 72	3545 • 35	2864 • 29	5767 • 26	3652 • 18
22880	10484	38742	55041	10635	5728	11534	3652
13728	41936	25828	15726	17725	25776	34602	29216
242528	146776	413248	566136	124075	83056	149942	65736

Lösungen

Seite 34 Schriftlich multiplizieren im Zahlenraum bis 1.000.000

3642 • 47	2345 • 58	4567 • 84	5678 • 92	9876 • 76	8765 • 63	7695 • 36	6576 • 57
14568 25494 171174	11725 18760 136010	36536 18268 383628	51102 11356 522376	69132 59256 750576	52590 26295 552195	23085 46170 277020	32880 46032 374832

Seite 35 Dividieren im Zahlenraum bis 1.000.000 – mit großen Zahlen

180 : 2 = 90 1.800 : 2 = 900 18.000 : 2 = 9.000 180.000 : 2 = 90.000	320 : 4 = 80 3.200 : 4 = 800 32.000 : 4 = 8.000 320.000 : 4 = 80.000	150 : 3 = 50 1.500 : 3 = 500 15.000 : 3 = 5.000 150.000 : 3 = 50.000	200 : 5 = 40 2.000 : 5 = 400 20.000 : 5 = 4.000 200.000 : 5 = 40.000

210 : 7 = 30 2.100 : 7 = 300 21.000 : 7 = 3.000 210.000 : 7 = 30.000	480 : 8 = 60 4.800 : 8 = 600 48.000 : 8 = 6.000 480.000 : 8 = 60.000	120 : 6 = 20 1.200 : 6 = 200 12.000 : 6 = 2.000 120.000 : 6 = 20.000	630 : 9 = 70 6.300 : 9 = 700 63.000 : 9 = 7.000 630.000 : 9 = 70.000

Seite 36 Dividieren im Zahlenraum bis 1.000.000 – mit großen Zahlen

270 : 9 = 30 2.700 : 9 = 300 27.000 : 9 = 3.000 270.000 : 9 = 30.000	720 : 8 = 90 7.200 : 8 = 900 72.000 : 8 = 9.000 720.000 : 8 = 90.000	420 : 6 = 70 4.200 : 6 = 700 42.000 : 6 = 7.000 420.000 : 6 = 70.000	300 : 5 = 60 3.000 : 5 = 600 30.000 : 5 = 6.000 300.000 : 5 = 60.000

240 : 3 = 80 2.400 : 3 = 800 24.000 : 3 = 8.000 240.000 : 3 = 80.000	100 : 2 = 50 1.000 : 2 = 500 10.000 : 2 = 5.000 100.000 : 2 = 50.000	160 : 4 = 40 1.600 : 4 = 400 16.000 : 4 = 4.000 160.000 : 4 = 40.000	140 : 7 = 20 1.400 : 7 = 200 14.000 : 7 = 2.000 140.000 : 7 = 20.000

Seite 37 Schrittweise dividieren im Zahlenraum bis 1.000.000

5436 : 6 = 906	2816 : 4 = 704	2535 : 5 = 507	2135 : 7 = 305
5400 : 6 = 900 36 : 6 = 6	2800 : 4 = 700 16 : 4 = 4	2500 : 5 = 500 35 : 5 = 7	2100 : 7 = 300 35 : 7 = 5

3627 : 9 = 403	6432 : 8 = 804	2127 : 3 = 709	1214 : 2 = 607
3600 : 9 = 400 27 : 9 = 3	6400 : 8 – 800 32 : 8 = 4	2100 : 3 = 700 27 : 3 = 9	1200 : 2 = 600 14 : 2 = 7

Seite 38 Schriftlich dividieren im Zahlenraum bis 1.000.000

864 : 4 = 216	Probe
8 06 04 24 24 0	216 • 4 864

575 : 5 = 115	Probe
5 07 05 25 25 0	115 • 5 575

Seite 39 Schriftlich dividieren im Zahlenraum bis 1.000.000

2721 : 3 = 907	4263 : 7 = 609	1612 : 2 = 806	2016 : 4 = 504	3224 : 8 = 403	6372 : 9 = 708
27 02 0 21 21 0	42 06 0 63 63 0	16 01 0 12 12 0	20 01 0 16 16 0	32 02 0 24 24 0	63 07 0 72 72 0
Probe 907 • 3 2721	Probe 609 • 7 4263	Probe 806 • 2 1612	Probe 504 • 4 2016	Probe 403 • 8 3224	Probe 708 • 9 6372

Den Zahlenraum bis 1.000.000 erfassen
Zahlenraumverständnis fördern & festigen / Klasse 4 – Bestell-Nr. 12 381
KOHL VERLAG

Lösungen

Seite 40 Schriftlich dividieren im Zahlenraum bis 1.000.000

<table>
<tr>
<td>24189 : 3 =
8063
24
01
0
18
18
09
9
0
Probe
8063 • 3
24189</td>
<td>18148 : 2 =
9074
18
01
0
14
14
08
8
0
Probe
9074 • 2
18148</td>
<td>36642 : 6 =
6107
36
06
6
04
0
42
42
0
Probe
6107 • 6
36642</td>
<td>16832 : 4 =
4208
16
08
8
03
0
32
32
0
Probe
4208 • 4
16832</td>
<td>25450 : 5 =
5090
25
04
0
45
45
00
0
0
Probe
5090 • 5
25450</td>
<td>14490 : 7 =
2070
14
04
0
49
49
00
0
0
Probe
2070 • 7
14490</td>
</tr>
</table>

Seite 41 Schriftlich dividieren im Zahlenraum bis 1.000.000

<table>
<tr>
<td>183654 : 9 = 20406
18
03
0
36
36
05
0
54
54
0
Probe
20406 • 9
183654</td>
<td>481664 : 8 = 60208
48
01
0
16
16
06
0
64
64
0
Probe
60208 • 8
481664</td>
<td>203515 : 5 = 40703
20
03
0
35
35
01
0
15
15
0
Probe
40703 • 5
203515</td>
<td>186486 : 6 = 31081
18
06
6
04
0
48
48
06
6
0
Probe
31081 • 6
186486</td>
</tr>
</table>

Seite 42 Schriftlich dividieren im Zahlenraum bis 1.000.000

<table>
<tr>
<td>1271224 : 3 = 90408
27
01
0
12
12
02
0
24
24
0
Probe
90408 • 3
271224</td>
<td>357497 : 7 = 51071
35
07
7
04
0
49
49
07
7
0
Probe
51071 • 7
357497</td>
<td>322036 : 4 = 80509
32
02
0
20
20
03
0
36
36
0
Probe
80509 • 4
322036</td>
<td>186246 : 2 = 93123
18
06
6
02
2
04
4
06
6
0
Probe
93123 • 3
186246</td>
</tr>
</table>